社会科編

調べ学習ナビ

テーマの見つけ方からまとめ方まで

山本紫苑・調べ学習ナビ編集室

P.4 **はじめに** 〜調べ学習って、どんなもの？／誰でも調べ学習ができる魔法のステップ！

P.5 この本の使い方

P.6 ① 募金のしくみを知りたい！

P.10 ② 選挙掲示板って選挙後どうするの？

P.14 ③ 世界遺産って何だ？

P.18 ④ 家紋や旗の印について知りたい！

P.22 ⑤ 身の回りの水のことを知りたい！

もくじ

- P.26 **6** 家の近くの文化財マップを作ろう！
- P.30 **7** アナウンサーになりたいっ！
- P.34 **8** 歴史上の人物、真田幸村ってどんな人？
- P.38 **9** ご当地ナンバープレートって？
- P.42 **10** PM2.5って何のこと？
- P.46 その他のテーマ例
- P.47 おうちの方・先生方へ

はじめに

調べ学習って、どんなもの？

「調べ学習」は自分が知りたいことなら何でもテーマにしていいんだ！「なぜ？」と思ったら、人に聞いて、予想して、調べて、まとめる。自分の知りたいことが分かるのって楽しいよ！

誰でも調べ学習ができる魔法のステップ！

この本で紹介する調べ学習は、すべて 1〜8 のステップどおりに進めているのよ。つまり、このステップどおりにやっていけば、誰でも調べ学習ができるの！

まず、身の周りの「なぜ？」を探す！
テーマを見つけるために、まずは身の周りの「なぜ？」「どうして？」を探してみよう

↓

1 疑問のきっかけを書く！
なぜそのテーマを調べようと思ったかを書き出そう

↓

2 解決のヒントを聞き、予想する！
周りの人にヒントを聞いて、調べる前に答えを予想しよう

↓

3 調べることを書き出す！
何を調べるか、思いついたものを書き出そう

↓

4 調べたものを書いておく！
本や図鑑、人など、何で調べたか、書いておこう

↓

5 調べたことを書きとめる！
調べたことは、すべて書きとめよう

↓

6 分かったことを書き出す！
調べた結果、分かったことを書き出そう

↓

7 調べたことで浮かんだ疑問や次の課題を書き出す！
調べているうちに出てきた別の疑問や、他に調べたくなったことを書き出そう

↓

8 まとめる！
1〜7 までを自分だけでなく、他の人も見やすいようにまとめよう

この本の使い方

ポイントをおさえるだけで、調べもの学習はかんたんにできるよ!

タイトル
テーマを書いています。調べものをするときは、必ず「テーマ」を立ててからにしましょう。

調べること
「調べること」を、最初にひとつひとつ書き出すと、見落としがなくなります。行きづまったら、この項目を見返しましょう。

疑問のきっかけ
「なぜ、このテーマを選んだのか」を書いています。「くだらない」と人に思われそうな内容でも「不思議だ」と感じたならどんどん調べましょう。

ポイント、コツ
調べものをする上で、大切なポイントや、コツが書かれています。「どうしよう?」と悩んだら、参考にしてみてください。

調べたい理由
「なぜ調べたいと思ったのか」は、調べものをするうえで大切な事です。1つでもいいので、必ず書き出しましょう。

調べたもの
調べものをしていると、後で「この情報、何の本で見たっけ?」と分からなくなることがあります。参考にした本の名前や、聞いた人の名前は、忘れずにメモをしておきましょう。

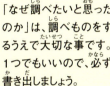

解決のヒント
調べものをする前に、自分だけでなく家族や友達にも「なぜそうなるのか」を、予想してもらうといいでしょう。「調べもの」の幅が広がります。

調べたこと
「調べたこと」は、どんどんノートなどに書いていきましょう。「あなたの調べもの」です。中身は、どんなに多くても少なくてもかまいません。

わかったことは、どんどんノートにかこう!

まとめ1
まとめ方の例が紹介されています。テーマごとに、ポイントになるページを抜き出しているので参考にしてください。

分かったこと
「調べもの学習」の一番大切な部分です。「分かったこと」は、必ず書きとめましょう。

まとめ2
レポートタイプ、壁新聞タイプなど、さまざまなまとめ方をしています。テーマにあわせて、まとめ方を選んでみてください。

調べたことで浮かんだ疑問や次の課題
「調べもの学習」をしていると、次々に新しい疑問がわいてくることでしょう。「次に調べたいこと」もぜひ、書き出しましょう。

※この本は、実際に子どもたちが行った調べ学習を元にしているので、当時と違う表現や異なる考え方などがある場合もあります。

募金のしくみを知りたい！

「赤い羽根共同募金」、「災害の復興支援」、「日本赤十字」など、いろいろな募金活動があるらしい。どうやって集まったお金を役立てているんだろう？

1 疑問のきっかけ

毎年、秋になると学校や町で、お金を寄付すると赤い羽根をくれる「共同募金」が行われる。今までは、「きっと困っている人の役に立っているのだろう」とだけ、思っていた。でも、使い道が分かっていないものにお小遣いを使うのは、おかしいと思ったんだ。

❗ 調べたい理由
- 誰が集めているのか気になったから
- どういうことに役に立っているのか知りたい
- どんな種類の募金があるのか知りたい

ポイント・コツ
- まずは、どんな募金活動があるのか調べてみましょう
- 募金活動の種類が分かったら、自分にとって分かりやすい活動にしぼって調べましょう
- 何を調べたらいいか分からない場合は、「いつ、誰が、どこで、何を、なぜ、どのように」という確認から、始めましょう

2 解決のヒント・予想

父：募金協会みたいなのがあって、やり方や使い道なんかを話し合っているんじゃないか？

兄：どれも国がやっているんでしょう？ 個人がやっているのだったら、ちゃんと使ってくれないかもしれないし

母：大きな災害があると、テレビ局なんかでもやってるわよね

ぼく：金額はいくらぐらい集まるのかな？ 何人ぐらい募金しているのかな？

3 調べること

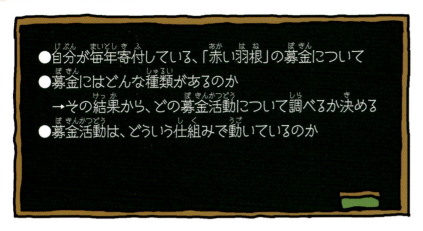

- 自分が毎年寄付している、「赤い羽根」の募金について
- 募金にはどんな種類があるのか
  → その結果から、どの募金活動について調べるか決める
- 募金活動は、どういう仕組みで動いているのか

4 調べた人、もの

インターネット
（中央共同募金会のホームページなど）

中央共同募金会が発行する報告書などの書籍

学校の募金を担当している先生

5 調べたこと

- 「赤い羽根共同募金」は、社会福祉法人中央共同募金会というところがやっている
- 「NHK歳末たすけあい」も同じところがやっている
- 平成21年度は、約201億円集まったらしい

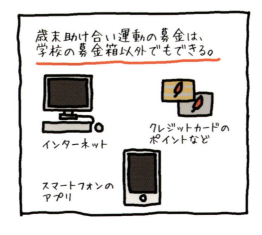

ポイント・コツ

- ◆募金の種類を調べる時はインターネットが便利なので、大人と一緒に調べましょう
- ◆募金活動の種類はたくさんあります。調べる時は、自分に身近で、分かりやすい活動にしましょう。名前だけでも知っているものだといいですね

- ◆大人と相談した上で、募金をしている機関を訪ねてみるのもいいでしょう
- ◆募金の集め方だけでなく、集めたお金の使い道も調べてみましょう

- ◆インターネットを利用すると、たくさんの情報が出てきます。自分が知りたいことから順に、調べていきましょう

- 「赤い羽根共同募金」は、都道府県ごとに行われていて、その地域のために活かされている
- 毎年、およそ6万件の地域福祉活動に、総額約169億円を助成している
- 日本だけでなく、アメリカやカナダなど43か国で行われているが、赤い羽根が配られるのは日本と南アフリカだけ
- 使い道が分かったので、円グラフにまとめた
- 他の募金活動も調べようとしたが、「○○くんの命を救おう」というものから、「アフリカの子どもの支援をしよう」というものまで、あまりにも多すぎたのでやめた

赤い羽根共同募金の募金の使い道
- 災害対応・防災 5.1%
- その他の地域福祉支えん 15.4%
- 社会福しせつ支えん 9.7%
- 日常生活支えん 22.8%
- 社会参加まちづくり支えん 46.9%

ポイント・コツ

- 募金の調査は、どうしても数字が多くなってきます。気になる部分はメモをとったり、パソコンで調べるときはプリントアウトをするなどして、データを集めましょう
- 「面白い」と感じたことは、どんどんメモをしていきましょう

6 分かったこと、思ったこと

- 募金は、災害や病気などで困っている人の役に立っているのだと思っていたけど、自分の身の周りのことにも使われていると知って、びっくりした
- 赤い羽根共同募金の始まりや歴史もわかった
- 赤い羽根共同募金が、日本だけでなく世界中で行われていることにびっくりした
- 最初、募金の種類は数種類くらいだろうと思っていたけど、調べきれないほどたくさんあったことに、おどろいた

7 調べたことで浮かんだ疑問や次の課題

- ●募金の使い道はどうやって、誰が決めるのか
- ●赤い羽根は何の鳥の羽根?
- ●社会福祉法人って何だろう?
- ●あやしい募金活動はないのかな?

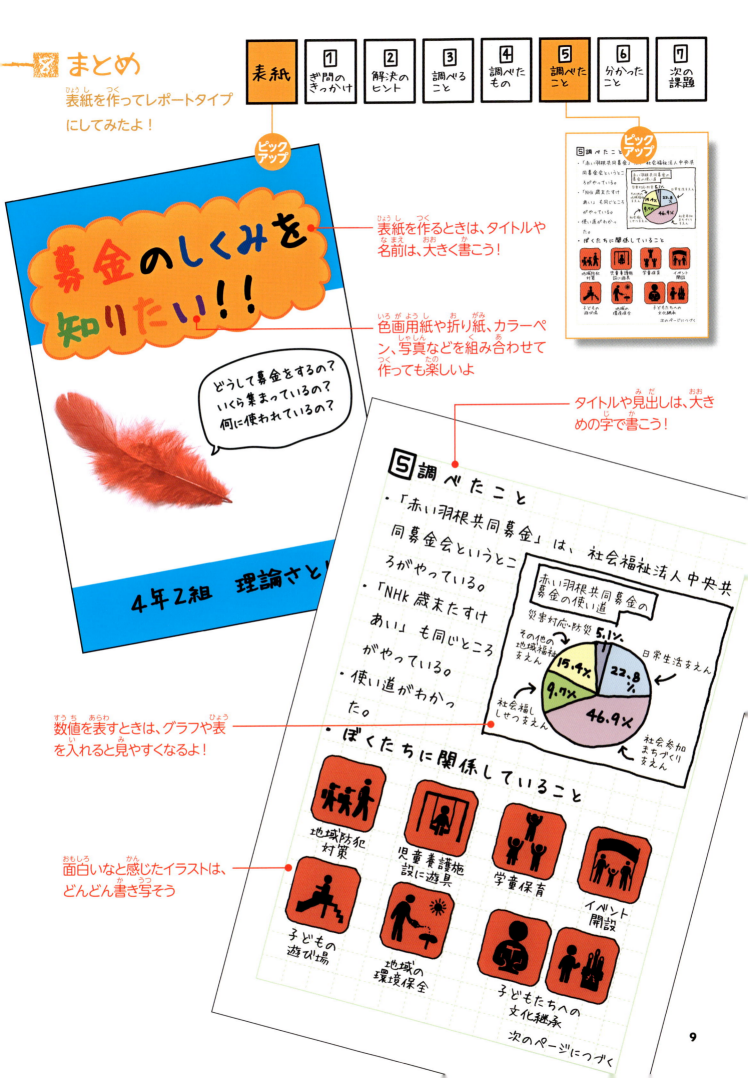

選挙掲示板って選挙後どうするの？

この間、選挙があった。選挙が公示になると、選挙掲示板が町のあちこちにできて、立候補する人のポスターが貼られる。だけどこの掲示板、選挙が終わったらどうするの？

1 疑問のきっかけ

選挙の掲示板は、ほんのちょっとで片付けられてしまうのに、骨組みが木でできていて、ペンキできれいにぬられている。見た感じはいいけどすぐに壊してしまうものなのに、もったいないと思うんだけど……。

⚠ 調べたい理由

- 選挙掲示板は、何でできているのか、いくらぐらいで作られているのか気になったから
- 選挙掲示板は、違う県でも同じような形をしているのか知りたい
- 選挙掲示板のポスターは、貼る場所が決まっているのか知りたい

ポイント・コツ

- ◆「これは何だろう？」と気になるものがあれば、よく見ておきましょう。写真も撮っておくといいでしょう
- ◆選挙掲示板の場合は、各地で違いがあるのか、親せきや違う地区に住んでいる友達などにも協力してもらいましょう
- ◆手がかりがむずかしいので、自治体の「選挙管理委員会」に問い合わせてみるのもいいでしょう。その際は、大人に相談しましょう

2 解決のヒント・予想

父：選挙掲示板についてだったら、区役所に行って聞いてみたらどうだろう

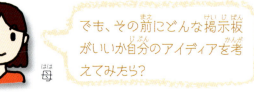
母：でも、その前にどんな掲示板がいいか自分のアイディアを考えてみたら？

祖父：こういう掲示板は、今どきはリサイクルしてるんじゃないか？

ぼく：掲示板がもし壊されるんだったら、その板を工作用にくれないかな？

3 調べること

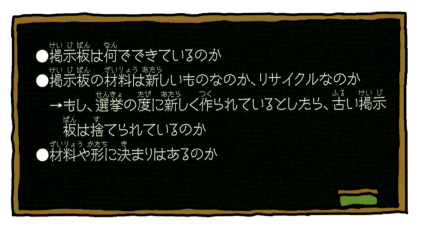

- 掲示板は何でできているのか
- 掲示板の材料は新しいものなのか、リサイクルなのか
  → もし、選挙の度に新しく作られているとしたら、古い掲示板は捨てられているのか
- 材料や形に決まりはあるのか

4 調べたところ、もの

自分の住んでいる
市町村の役所
(選挙管理委員会)

インターネット
(選挙掲示板を作っている会社のホームページ)

5 調べたこと

- 選挙掲示板の骨組み
  → 木(角材)
- 掲示面 → 紙製の再生ボード
- ぼくの住んでいる区は、木(角材)の骨組みについては、作っている会社に任せている
- 板の部分はベニヤではなく、紙製の再生ボードを使っている

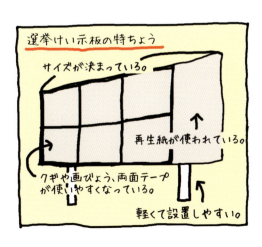

ポイント・コツ

- ◆選挙管理委員会に問い合わせるのなら、その前に自分の知りたいことをきちんとノートにまとめておきましょう
- ◆幅広い例を見つけるためにインターネットも活用しましょう。その際は、大人にも相談しましょう
- ◆自分の意見をまとめておくと、ぐんと調べやすくなります

- ◆選挙管理委員会が忙しい時期は避けましょう
- ◆分かりにくかったところは家の人に聞いてから、もう一度聞きに行きましょう
- ◆自分が住んでいるところ以外の例も聞いてみましょう

- ◆調べていてイラストなどを見つけたら、書き写しておきましょう。言葉でまとめるより、分かりやすくなることがあります

- 選挙掲示板が置かれる場所や、ポスターを貼る位置（立候補を届け出た順）は決められている
- ポスターの大きさは決められているが、形は自由
- 実は角材は安くて組み立てるのが簡単。使い終わった骨組みは、建築現場などで再利用されている
- 紙製の再生ボードは、学校や町会の行事などで再利用し、余ったものは工場で再生している

ポイント・コツ

◆選挙管理委員会や、掲示板の会社の人など、人から話を聞くときは、必ずメモをとるようにしましょう

◆話を聞いていて、分かりにくいなと感じることがあれば、そのままにせず、聞いてみましょう

◆仕事のじゃまにならないよう、電話は10分ほどで切りあげましょう

6 分かったこと、思ったこと

- 選挙掲示板は、選挙が終わると捨てられていると思っていたが、その後の使い道もきちんと考えられていた
- 掲示板やポスターの形や大きさは、細かい決まりがあることが分かった
- ぼくの住んでいる区では、角材と紙製の再生ボードで選挙掲示板が作られていたが、違う材質のものを使っている市や県もあることが分かった
- 祖父母や親せきに掲示板の写真を送ってもらった。パッと見では、どれも同じ掲示板に見える

7 調べたことで浮かんだ疑問や次の課題

- ●最近ではアルミ製のものが出てきているそうだ。アルミ製のいい部分について知りたい
- ●地区によっては、鉄パイプで組み立てて、選挙が終わると倉庫にしまっているところもあった。ぼくの住んでいる区の方法とどちらがいいのか知りたい
- ●選挙ポスターができるまでも調べてみたい

まとめ

表紙を作ってレポートタイプにしてみたよ！

| 表紙 | 1 ぎ問のきっかけ | 2 解決のヒント | 3 調べること | 4 調べたもの | **5 調べたこと** | 6 分かったこと | 7 次の課題 |

ピックアップ 調べたこと

ピックアップ 選挙掲示板写真

選挙掲示板のイラストを入れると、説明がしやすく、ひと目で内容も頭に入るよ！

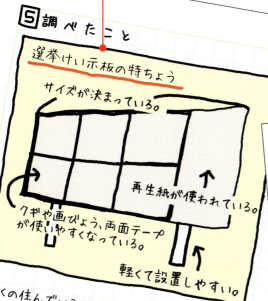

5 調べたこと

選挙けい示板の特ちょう

- サイズが決まっている。
- 再生紙が使われている。
- クギや画びょう、両面テープが使いやすくなっている。
- 軽くて設置しやすい。

・ぼくの住んでいる区は、木（角材）の骨組みについては、作っている会社に任せている。
・角材は、安くて作業が簡単だし、建築現場や学校などで再利用している。
・板の部分はベニヤではなく、紙製の再生ボードを使っている。学校や町会の行事などで再利用し、余ったものは工場で再生している。

選挙掲示板写真あれこれ

自分の町に立っていた、選挙掲示板だけでなく、祖父母や親せきが住む場所の選挙掲示板の写真も送ってもらった。

●東京都、静岡県、宮城県など。

各地で撮ってもらった写真を貼ると、違いが分かって面白いよ！

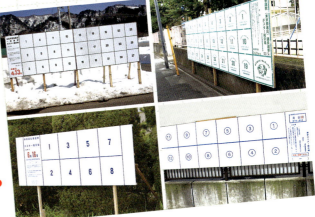

写真は、自分で撮りためてもいいね！

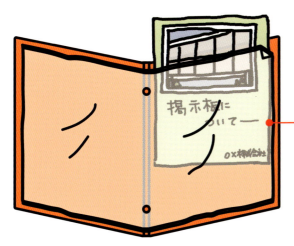

パンフレットなど、資料が多くなった場合は、クリアファイルに入れてまとめるという方法もあるよ。調べた内容は、原稿用紙にまとめて、ファイルに入れよう

3 世界遺産って何だ？

テレビの番組で、「富岡製糸場が、世界遺産に登録されてから人気が出た」というのを見た。いとこは夏休みに行くらしい。世界遺産って何がすごいの!?

1 疑問のきっかけ

新聞で、「日本の世界遺産」が紹介されているのも見た。母に聞くと、きれいだからとか、歴史的な意味があるからという理由で登録されるそうだ。だったらうちの近所の日本庭園は、登録されないのかな？　何か決まりがあるのかな？

❗ 調べたい理由
- 世界遺産を選ぶ基準が知りたいから（うちの近所の日本庭園は選ばれないの？）
- 誰がどうやって選んでいるのか、知りたいから
- 日本だけでなく、世界にはどんな世界遺産があるのか知りたいと思ったから

ポイント・コツ
- まずは世界遺産とは何かを調べましょう
- 世界遺産は誰が決めるのかを調べましょう
- 世界遺産にはどういうものがあるのでしょう
- 世界遺産にまつわる写真集を見る時は、「見て楽しむ」ことはもちろん、「どういう場所があるか」もチェックしましょう。見て終わり、ということにならないように！

2 解決のヒント・予想

ユネスコが決めるんだよ。決めるまでにはそうとう時間がかかるらしいよ
父

国連っていうところが関わっているんじゃないかな？
友達B

世界中から代表者が集まって決めているんじゃない？
友達A

ユネスコっていうところを調べてみればきっとわかるわね！
私

3 調べること

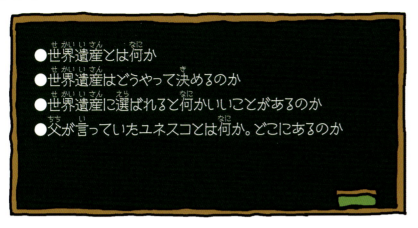

- 世界遺産とは何か
- 世界遺産はどうやって決めるのか
- 世界遺産に選ばれると何かいいことがあるのか
- 父が言っていたユネスコとは何か。どこにあるのか

ポイント コツ

◆まずは、国語辞典を活用してみましょう
◆子ども用の百科事典や子ども用の検索サイトを使ってみましょう
◆わからない項目が出てきたら、よりくわしい本やサイトで調べましょう

4 調べたもの

小学生用国語辞典

国語辞典

インターネット
（キッズgoo／Yahoo!きっず／KIDS外務省／公益社団法人日本ユネスコ協会連盟のホームページなど）

◆よく似た名称があるので、必ず正式な名称でメモをとるようにしましょう
◆インターネットをする時は、その前に調べたいことをピックアップしておきましょう。データがたくさんあるので、調べているうちに、何を調べているのか分からなくなることがあります

5 調べたこと

- ユネスコ（国連組織「UNESCO」）という機関が、ユネスコ憲章に基づいて世界遺産を決めている
- ユネスコには、195の国と9の地域が加入している（2014年当時）
- 世界遺産を決めるのは、ユネスコの活動のひとつ
- 世界遺産は身近な文化・自然を守り伝えるために決める

◆調べたものが難しい時は、そのページをコピー、もしくはプリントアウトをして、重要だと思う部分をマーカーでチェックすると、理解しやすくなります

- 世界遺産は「文化遺産」と「自然遺産」、「複合遺産」の3種類がある
- 日本の世界遺産は全部で18件、世界の世界遺産は1007件もある
- 世界遺産に選ばれるには、10の基準のうち1つを満たしていないといけない（でも、どれもけっこう難しい）
- 日本では文部科学省の中に日本ユネスコ国内委員会がおかれ、民間団体である「日本ユネスコ協会連盟」などとともに、ユネスコ活動を推進するため官民一体で活動を行っている

（いずれも2014年当時）

自然遺産とは	文化遺産とは
・自然が生み出した地形や景観。 ・人の手が加わっていない。 ・絶めっしそうな動物や植物が生息している。 ・日本には4件ある。	・人類の歴史の中で生まれた芸術や学術的に価値がある建造物やいせき。 ・人が造りだしたもの。 ・日本には14件ある。

※2014年

ポイント・コツ

◆インターネットで調べていると、古いデータも出てきます。最新のものかどうか注意しましょう

◆図書館に行くと、世界遺産にまつわる本が何冊かあります。写真が多いものを借りると、楽しく調べることができます

6 分かったこと、思ったこと

- 世界遺産は国連機関のユネスコによって決められる
- 世界遺産とは文化や自然を守るための活動
- 基本となるユネスコ憲章というものがある
- 世界遺産にはいくつかの分野がある
- いつか、世界各国のいろんな世界遺産をめぐってみたいと思った

7 調べたことで浮かんだ疑問や次の課題

- ●世界遺産に登録されると他にどんないいことがあるのか
- ●日本には、まだまだ世界遺産の候補地があるのか
- ●日本で一番人気のある、世界遺産はどこか
- ●世界で一番人気のある、世界遺産はどこか
- ●ユネスコと同じような機関は、他にないのか

まとめ

壁新聞タイプにしてみたよ！

壁新聞タイプ

壁新聞のような1枚の紙にまとめるときは、5の"調べたこと"、6の"分かったこと"だけを抜き出して書き出すだけでも、いい「まとめ」になります。ただし、1〜7までがしっかりできていないと、内容がうすくなってしまうので要注意！

強調したい部分は、色のついたペンを使うと見やすくなるよ

世界遺産って何だ？？？

調べたこと
- Q1. ユネスコとはなにか？
- Q2. どこにあるのか？
- Q3. 世界遺産とはなにか？
- Q4. 世界遺産はどうやって決めるの？
- Q5. 世界遺産に選ばれるとなにかいいことがあるのか？
- Q6. 今、世界遺産は世界でいくつあるのか？

わかったこと
- A1. 教育、科学、文化などの活動を通じて、世界平和を実現するために作られた国連の機関の一つ。
- A2. 本部はフランスのパリにある。
- A3. 身近な文化・自然を守り伝えるために決められる。
- A4. ユネスコの委員会である「世界遺産委員会」が厳しい審査をして決める。
- A5. 観光客が増えるし、地域の人たちにとって名誉。
- A6. 1007件（文化遺産779件、自然遺産197件、複合遺産31件。2014年6月現在）。日本は文化遺産14件、自然遺産4件の18件。

自然遺産とは
・自然が生み出した地形や景観。
・人の手が加わっていない。
・絶めつしそうな動物や植物が生息している。
・日本には4件ある。

文化遺産とは
・人類の歴史の中で生まれた芸術や学術的に価値がある建造物やいせき。
・人が造りだしたもの。
・日本には14件ある。

※2014年

私が行ってみたい世界遺産

モン・サン・ミシェル / ヴェルサイユ宮殿 / プラハ歴史地区 / ヴェネツィア / カッパドキア / 万里の長城 / ピラミッド群 / タージ・マハル / 屋久島 / 富士山 / アンコール・ワット / グレートバリアリーフ / グランドキャニオン / マチュピチュ

行ってみたい！ベスト3
- アンコールワット（カンボジア）
- グランドキャニオン（アメリカ）
- モン・サン・ミシェル（フランス）

世界地図を書き写して紙に貼るのもいいね

自分の意見も入れると、楽しい1枚になるよ。友達にアンケートをとってもいいね

4 家紋や旗の印について知りたい！

戦国時代のドラマを見ていたら、武将たちがいろんな印のついた旗を持っていた。父に聞くと印は「家紋」というものらしい。どういう意味があるのかな？

1 疑問のきっかけ

戦国時代の武将は、自分の家の家紋を身につけて戦ったそうだ。そういえば親戚の結婚式の時、おばあちゃんの着物にも「家紋」がついていると、母が話していた。うちの家紋と、武将たちが持つ旗についている家紋には同じような意味があるのだろうか。

ポイント・コツ

◆自分の家の家紋を調べてみましょう。分からない時はいろんな会社のマークを調べてみても面白いですよ

❗調べたい理由
- ■戦国時代に興味があるから
- ■戦国ドラマで見るどの家紋も、かっこいいから
- ■好きな武将の家紋の意味を知りたいから
- ■自分の家の家紋の意味も知りたいから

2 解決のヒント・予想

祖母：昔は偉い人だけが印を持っていたんじゃない？ うちの家紋にはどんな歴史があるのかしらね

母：お殿様に決められていたとか？

父：意外と自分で勝手に決めてたりするかもしれないね

私：どこにいたとか、何をしていたという意味があるのかも

3 調べること

- ●戦国ドラマに出てくる旗に描かれている家紋にはどういう意味があるの？
- ●自分の家の家紋は、どうしてあの形になったの？
- ●家紋にはどんな種類があるの？
- ●どの家にも家紋があるの？
- ●どうして印や家紋が必要なの？

4 調べたもの

小学生用国語辞典

国語辞典

家紋について書かれた本

インターネット

5 調べたこと

- ・戦国時代のドラマで見た武将たちの家紋について
- ・どうして旗印（家紋）を使うようになったのか
  → 家紋ができたのは、飛鳥時代。一族を区別するためにできた。戦国時代になると、敵味方の区別を分かりやすくするために使われた（親や兄弟でも、敵になることがあるため）
- ・代表的な武家の家紋について

代表的な大名家の家紋			
🏵	伊達家	⬛	織田家
⬛	徳川家	⬛	今川家
⬛	上杉家	⬛	豊臣家
◆	武田家	✾	前田家
❀	明智家	⋮	毛利家

ポイント・コツ

- ◆まずは国語辞典を活用して、少しずつ理解していきましょう
- ◆時代劇などドラマは作られたストーリーのこともあるので注意しましょう
- ◆家紋には似たものがたくさんあるので注意深く見ましょう

- ◆名字から調べられる、家紋の本なども出ています。学校の図書館にない場合は、町の図書館で探してみましょう

- ◆調べたことは順に分類していきましょう（調べた内容が多い時は、少しずつ進めると分かりやすいです）

- ◆分からない言葉があれば、必ず国語辞典で調べるようにしましょう
- ◆家紋はたくさんあります。好きな武将の家紋から調べてもいいでしょう

- 一般の家でも家紋を使うようになった流れ（江戸時代から）
- 家紋の種類と特徴
  → 十大家紋と呼ばれる、図柄の種類が多く、使用する家も多い家紋がある（沢瀉紋／片喰紋／柏紋／桐紋／鷹の羽紋／橘紋／蔦紋／藤紋／茗荷紋／木瓜紋）
- 自分の家の家紋について

十大家紋 と名しょう			
1	片喰紋	6	柏紋
2	桐紋	7	橘紋
3	木瓜紋	8	蔦紋
4	鷹の羽紋	9	茗荷紋
5	藤紋	10	沢瀉紋

ポイント・コツ

- ◆ 面白いなと感じたものは、どんどんノートに書き写していきましょう
- ◆ 興味のある家紋は、書き写したり、コピーをとったり、プリントアウトをするなどし、ノートに貼りつけてもいいでしょう

6 分かったこと、思ったこと

- それぞれの家紋には意味がある
- 家紋の歴史は飛鳥時代までさかのぼるが、主に戦国時代に、武家が自分たちの軍をはっきりさせるために使うようになった
- 江戸時代に入り、庶民（町人）の間にも家紋が広がり、武家の家紋をまねしたり、新しい家紋を作ったりした
  → 家紋の種類が一気に増えた
- モチーフには植物、動物の他に、ものの図柄などもある
- 今では使われる機会が少ないが、歴史と伝統を重んじて大切にすべきだと思った

7 調べたことで浮かんだ疑問や次の課題

- ● もっとくわしいことが書かれた本がありそうなので調べ続けたい
- ● 自分の家の家紋を知らない友達が何人もいた。家紋が知られなくなったのはなぜか
- ● 私の家には「女紋」というのがあるそうなので、それについても調べたい

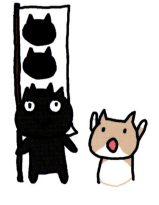

まとめ

表紙を作ってレポートタイプにしてみたよ！

| 表紙 | 1 ぎ問のきっかけ | 2 解決のヒント | 3 調べること | 4 調べたもの | **5 調べたこと** | **6 分かったこと** | 7 次の課題 |

― 好きな武将や、有名な武将の家紋を表にまとめてもいいね

5 6 調べたこと、分かったこと

- それぞれの印、家紋には背景や意味がある。
- 家紋の歴史は飛鳥時代から始まるが、主に戦国時代に武家が自分の軍をはっきりさせるために使った。

戦国武将の家紋

徳川家康		伊達政宗		島津義久
豊臣秀吉		北条早雲		浅井長政
織田信長		直江兼続		毛利元就
武田信玄		明智光秀		長宗我部元親
上杉謙信		佐竹義重		加藤清正
柴田勝家	秀吉	石田三成		池田輝政
前田利家		真田幸村		黒田官兵衛

など。

― イラスト入りの表を書くと、分かりやすくなるよ

― 模様がふくざつな家紋は、コピーやプリントアウトをしたものを切って、貼り付けよう

大家紋と名しょう

1	片喰紋	6	柏紋
2	桐紋	7	橘紋
3	木瓜紋	8	蔦紋
4	鷹の羽紋	9	茗荷紋
5	藤紋	10	沢瀉紋

- 江戸時代に入り、庶民（町人）の間にも、「自分の家の家紋を作ろう」という考えが広がった。
- 武家の家紋をまねしたり、自分たちの新しい家紋を作ったりした。
- それによって、家紋の種類が一気に増えた。
- 家紋のモチーフには植物、動物のほかに扇などのモノの図柄などもある。
- 私の家の家紋は、五三桐（ごさんのきり）というらしい。
- 家紋は、ふだんあんまり目にしないが、歴史と伝統を重んじて大切にすべきだと思った。

身の回りの水のことを知りたい!

母からすすめられた本で、オランダの干拓のことを知った。本を読んでいるうちに、自分の身の回りの「水」についても気になるようになった。

1 疑問のきっかけ

オランダが、干拓によってできた国だということにおどろき、はじめは干拓について調べようと思った。でも、まずは自分たちがふだん使っている「水」について先に調べたほうがいいと考えなおした。水について何も知らないからだ。

❗ 調べたい理由

■ テレビなどで「京都の人は琵琶湖の水を飲んでいる」とよく聞くけど、うちの水はどこから来ているか知りたい
■ どうやって山の水が、飲めるような水にされているのか、知りたい
■ 海の水は飲み水になるのか、知りたい

ポイント コツ

◆本を読む=読書感想文を書くことではありません。夏休みの読書が自由研究のテーマの元になることもあるので、読みっぱなしにしないようにしましょう

◆テーマは身近なところから決めましょう。そのほうが無理がなく、調べたことが意味を持つようになります

2 解決のヒント・予想

母: 日本はオランダみたいに低くて平らな土地じゃないから、山から流れてきた水を使っているはずよ

兄: 川や湖の水が浄水場っていうところできれいにされて、水道管で家まで届けられているんだよ

父: 水道に関する資料館みたいなものが、あるんじゃないかな？

私: うちの水道の水は、どこの川の水が使われているんだろう？

3 調べること

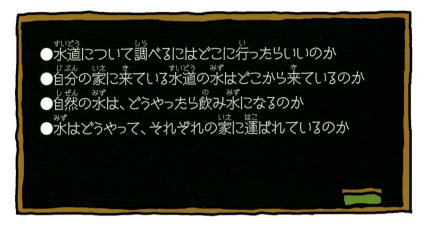

- 水道について調べるにはどこに行ったらいいのか
- 自分の家に来ている水道の水はどこから来ているのか
- 自然の水は、どうやったら飲み水になるのか
- 水はどうやって、それぞれの家に運ばれているのか

ポイント・コツ

◆水道の歴史や仕組みについては、図鑑も調べてみましょう

◆水道局に電話などで聞いてみるのもいいですね

◆水道局によっては、学校の夏休みなどの期間に、イベントをしているところもあります

4 調べたもの・ところ

東京都水道局
東京都水道歴史館
東京都水の科学館
奥多摩水と緑のふれあい館

社会科に関する図鑑

インターネット
(水道局の子ども向けサイトなど)

◆図解されているものがあると分かりやすいので、切り抜き、コピーを忘れずに

◆水道局の資料は分かりやすいのですが、自分の住んでいる地域に限られるので、一般的な仕組みを知るためには図鑑を活用しましょう

5 調べたこと

- 東京には「水系」と呼ばれる水道の水の元になる川が3本ある(利根川、荒川、多摩川)
- 利根川は、途中で名前が江戸川になる(利根川水系の分流という)

東京都の主な水系になる川

◆川の位置を知るために、地図を書き写すと、水の流れが理解しやすくなります

- それぞれの川にダムや貯水池がある（3水系合計で14ヶ所）
- うちには多摩川水系の水が来ている

- 川の水がどうやって家の蛇口まで届けられているのか

ポイント・コツ

◆調べている中で、地図や図解を見つけたら、積極的に書き写したり、コピーをとったりしましょう。文字だけでまとめるより、説明が分かりやすくなります

6 分かったこと、思ったこと

- 東京で使っている水道の水は、ほとんどが近くの県から流れてきている
- 災害用の給水所が23区内だけで99ヶ所もある（ビックリ！）
- 雨水が湖になり、川になり、水道水になるまでにたくさんのことが行われている
- 蛇口から出る水をそのまま飲める国はほとんどない。日本の水道水はとてもきれい

7 調べたことで浮かんだ疑問や次の課題

- ●他の地域の水は、どこの水を使っているのか（静岡県と宮城県の親せきの家の水も調べてみたい）
- ●日本でも水道のない地域があるのか
- ●水道の歴史を知りたい
- ●水道管の中にはいつでも水が流れているのか

まとめ

壁新聞タイプにしてみたよ！

壁新聞タイプ

写真を使うときは、どこの場所で撮影した（された）のかも書いておくと、読む人がイメージしやすくなるよ

水が水道まで来る旅

オランダが干拓（埋め立て）によってできた国だという本を読んでびっくりした。東京はどうだろうと調べているうちに、水がどこから来るんだろう？と、気になってまとめてみた。

- 東京には「水系」と呼ばれる水道の水の元になる川が3本あり、（利根川、荒川、多摩川）それぞれの川にダムや貯水池がある（3水系合計で14ヶ所）。写真は奥多摩の小河内ダム。

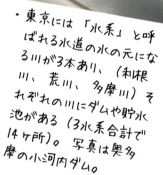

水道水が家に来るまで

雨がふる／ダム／取水設備／浄水場／配水池／下水浄化センター／水蒸気が雲を作る／海／家庭、オフィスなど

- 浄水場で、まず水がキレイにされて、配水池に送られる。写真は三河島浄水場。

- 家庭やオフィス、学校などの水道に水が運ばれる。

写真や地図を入れると、より分かりやすくなるよ

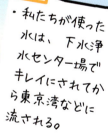

- 私たちが使った水は、下水浄水センター場でキレイにされてから東京湾などに流される。

東京都の主な貯水池

- 東京で使っている水道水は近くの他県から流れてきている。
- 東京の水の約8割が利根川水系と荒川水系。約2割が多摩川水系。
- 災害用の給水所が23区内だけで99ヶ所もある！
- 雨水が水道水になるまでにたくさんのことが行われている
- 蛇口から出る水を飲める国はほとんどない。日本の水道水はとてもきれい。

壁新聞にまとめるときは、⚡の調べたこと、💡の分かったこと、思ったことを抜き出すだけでも、いい「まとめ」になるよ

家の近くの文化財マップを作ろう！

犬の散歩でいつも通っている神社がある。ある日、今まで気づかなかった「重要文化財」と書かれた立て札を発見した。重要文化財って何だろう？

1 疑問のきっかけ

いつも通っているところなのに、今まで気づかなかった「重要文化財」と書かれた立て札。言葉は聞いたことがあったけど、重要文化財って何だろう。こんなに身近に重要文化財があると知って、もしかしたらもっとあるかも？と思った。

ポイント・コツ

- 散歩や買い物などで、町を歩いていると、さまざまな珍しいものに出合えることがあります。きょろきょろと見てみましょう
- 今回の「立て札」の例のように気になるものを発見したら、写真を撮ったり、書いてあることを書き写したりしておきましょう

⚠ 調べたい理由

- こんなに身近に「重要文化財」があるなんて気づいてなかったから
- 重要文化財にはどれぐらいの価値があるのか、知りたくなったから
- なぜ、近所の神社が重要文化財に指定されたのか、知りたい

2 解決のヒント・予想

姉：重要文化財って、京都みたいな古い町にたくさんあるというから、あの神社もきっと歴史があるのね

伯父：実はこのあたりには、たくさんの文化財があるんだよ

兄：そもそも重要文化財って誰が決めるんだろう？

私：古くて大切にしたほうがいいものが、文化財になるんだと思う。あちこちまわったら文化財マップ、作れるかな？

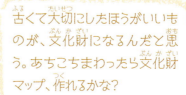

3 調べること

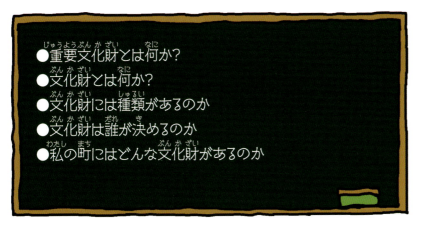

- 重要文化財とは何か？
- 文化財とは何か？
- 文化財には種類があるのか
- 文化財は誰が決めるのか
- 私の町にはどんな文化財があるのか

ポイントコツ

◆現地を訪れるのならその前に、その言葉の意味や内容を、本やインターネット、人に聞くなどして調べてからにしましょう

4 調べたもの

小学生用国語辞典

学習用百科事典

役所にある文化財に関する資料

インターネット
(文部科学省、区役所のホームページなど)

◆まずは国語辞典などで「文化財」という言葉から調べてみましょう
◆市役所や区役所を訪ねるのなら、担当部署があることを確認してからにしましょう
(教育委員会教育推進部庶務課など)

5 調べたこと

- 文化財とは、長い歴史の中で今日まで守り伝えられてきた、文化的な財産のこと
- 建物、美術品、遺跡などだけではなく、伝統芸能、工芸技術、お祭りなども含まれる

文化庁指定の国宝・重要文化財の数

種別/区分		国宝	重要文化財
美術工芸品	絵画	159	1994
	彫刻	128	2685
	工芸品	252	2445
	書跡・典籍	224	1900
	古文書	60	754
	考古資料	46	612
	歴史資料	3	183
	計	872	10573
建造物		220(268棟)	2419(4676棟)
合計		1092	12992

◆文化財にまつわる資料は、大人が読んでもむずかしいことがあります。分からない言葉があったら、人に聞いたり、辞書をひくなどして調べましょう

- 文京区には「国指定文化財」17件、「都指定文化財」32件、「区指定文化財」81件、「国登録文化財」54件がある
- 「国指定」は文部科学大臣が指定したもの
- 文化的な重要度は「国指定」、「都指定」、「区指定」、「国登録」の順番

文京区の重要有形文化財(建造物のみ)
- 護国寺本堂
- 護国寺月光殿(旧日光院客殿)
- 旧加賀屋敷御守殿門(赤門)
- 根津神社本殿、幣殿、拝殿、(附/銅灯篭2基)、唐門、西門、透塀、楼門(計7棟)
- 旧東京医学校本館
- 旧磯野家住宅主屋表門土地

ポイントコツ

- 現地に行くのなら、その前に、町の文化財をピックアップして、マップを仕上げてしまいましょう
- くわしく調べたいものや場所があるのなら、1つだけにしましょう。文化財のひとつひとつを深く調べても、マップ作りは先に進みません(場合によっては調べている過程で、テーマを変更してもいいのです)

6 分かったこと、思ったこと

- 文化財はとても大切にしなくてはいけないもの
- 文京区には文化財がとても多い
- 文化財は歴史のあるところにたくさんある
- 文化財の種類がいろいろあって面白いと思った

7 調べたことで浮かんだ疑問や次の課題

- 身近なところを調べていたら、坂がたくさんあった。坂の名前を調べても面白そうだと思った
- 文化財だけでなく、おいしいものを一緒に書き込んだガイドブックみたいなものを作ってみたい
- 文化財に指定されるまでの流れが知りたい

まとめ

画用紙をつなぎ合わせて、「じゃばら折り」にしてみたよ！

5 調べたこと

文化庁指定の国宝・重要文化財の数

種別／区分		国宝	重要文化財
美術工芸品	絵画	159	1994
	彫刻	128	2685
	工芸品	252	2445
	書跡・典籍	224	1900
	古文書	60	754
	考古資料	46	612
	歴史資料	3	183
	計	872	10573
建造物		220(268棟)	2419(4676棟)
合計		1092	12992

- 文化財とは、長い歴史の中で今日まで守り伝えられてきた文化的な財産のこと。
- 建物、美術品、遺跡などだけではなく、伝統芸能、工芸技術、お祭などを含まれる。
- 重要文化財とは、形のある文化財の中でとくに重要なものとして国が指定したもの。

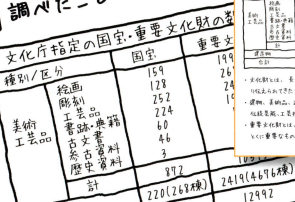

難しい内容でも、表を入れると、分かりやすいよ

- 文京区には「国指定文化財」17件、「都指定文化財」32件、「区指定文化財」81件、「国登録文化財」54件がある。
- 「国指定」は文部科学大臣が指定したもの。
- 文化的な重要性は「国指定」、「都指定」、「区指定」の順番。

文京区の国指定文化財（絵画、彫刻など除く）

		計
重要有形文化財	護国寺本堂、護国寺月光殿、旧加賀屋敷御守殿門、根津神社、旧東京医学学校本館など	6
美術工芸品	本郷弥生町出土弥生土器	1
特別史跡及び特別名勝	小石川後楽園	1
特別名勝	六義園	1
名勝及び史跡	小石川植物園	1
史跡等	大塚先儒墓所、湯島聖堂など	4
重要無形文化財	佐賀錦、（芸能）講談など	3

文京区の国指定文化財 お散歩マップ

自分で撮った写真を貼りつけてもいいね

白地図を使ったり、地図を書き写して、文化財のある場所をマークすると場所が分かりやすいね

7 アナウンサーになりたいっ！

母の知人のアナウンサーがテレビでニュースを読んでいる姿を見て、「ステキだな」と、小さい頃からあこがれていた。どうやったらなれるんだろう？

1 疑問のきっかけ

「大きくなったら何になりたい？」。小さい頃からいろんな人に聞かれていたけれど、小学校で「将来の夢」という作文の宿題が出て、きちんと考えてみた。やっぱり、アナウンサーかな。どうやったらなれるのかな？

調べたい理由

- テレビのニュースで見る、アナウンサーがかっこいいなと思ったから
- 放送クラブに入っているので、私にもできそうだと思うから
- どうやったらアナウンサーになれるか知りたいから
- アナウンサーの仕事について、もっとくわしく知りたいから

ポイント・コツ

- ◆どんな職業でも、「自分にはなれない」とあきらめるのではなく、まずは調べることから始めましょう
- ◆なりたい職業が具体的であればあるほど、充実した調べものになります
- ◆なりたい職業がたくさんある場合は、自分の中で順位をつけて、上位のものから調べましょう

2 解決のヒント・予想

両親：人気のある職業だし、なかなかなれるものじゃないよ。なれたとしても、とても大変だと聞くから、よく調べなさい

祖母：美人で頭がよくないとなれないんじゃないかしらね

弟：お姉さんがテレビに出たらうれしいな〜。勉強して、なってよ！

私：今からきちんと調べて準備を始めたら、本当にアナウンサーになれるかもしれないわ！

3 調べること

- どういう人が向いているのか
- どうやったらアナウンサーになれるのか（準備をすることがあるのか）
- 仕事の内容はどんなものがあるのか
- 母の知人のアナウンサーにもインタビューする

ポイント・コツ

◆「本当になりたい」という気持ちになって、調べを進めましょう

4 調べた人・もの

母の知人のテレビ局アナウンサー

希望の職業について書かれた本
（大人向け／中高生向け）

インターネット
（「13歳のハローワーク」「職業調べナビゲーション」など）

◆中学生以上を対象に、職業についてくわしく解説した本が出版されています。町の図書館などでさがしてみましょう。内容がむずかしい場合は、家の人に聞いたり、辞書で調べたりしながら読みましょう

◆インターネットは、安全なページかどうかを家の人に確認してもらいましょう

5 教えてもらったこと、調べたこと

- アナウンサーは、話し言葉の専門家
- アナウンサーは、テレビやラジオでニュースを読んだり、番組の司会進行をするだけでなく、事件やイベントなどの現場のレポートをしたり、道行く人から有名人まで、幅広い人のインタビューなどもする
- バラエティー番組で司会をするなど、はなやかな感じがするけれど、資料をチェックしたりする裏方の仕事も多い

アナウンサーの主な仕事
- テレビ、ラジオ、イベントの司会進行
- テレビやラジオ番組のレポート
- テレビやラジオ番組のナレーション
- スポーツなどの実況中継
- 報道番組のキャスター
など

◆その職業のプロに会って話を聞かせてもらう時は、会う前に聞きたいことをきちんとまとめておきましょう（言葉づかいやあいさつなど、失礼のないように注意）

◆プロの人から話を聞く時は、前もって調べておきましょう。自分が聞きたいことがはっきりし、相手も話しやすくなります

- 正しい日本語が話せて、人前に出るのが好き、好奇心おうせい、視聴者から好感を持たれる、などの特ちょうがある人が向いている
- 母の知人のアナウンサーの人から、今からしたほうがいいと言われたこと
  → 日頃から、正しい話し言葉を使う
  → ニュースなどを、ちゃんと見る
  → 自分の考えを自分の言葉で人に分かりやすく伝えられるようになる
  → 社会、文化など幅広く興味を持って少しでも多くのことを知っておく
- テレビ局のアナウンサーになるには、ほとんどの人が大学卒業以上の学歴を持っている
- 大学生になってからも、アナウンサー養成スクールで勉強する人が多い
- アナウンサーになってからも毎日、新聞は5紙以上は読んでいる

ポイント・コツ

◆人から話を聞かせてもらう時は、必ずメモをとるようにしましょう

◆分からないことや聞き取りにくいことがあれば、そのままにせず、聞き返しましょう

◆本やインターネットだけで調べる時も、必ず、その職業の仕事の内容だけでなく、「どうやったらなれるのか」も調べましょう

6 分かったこと

- 見ていただけの楽しそうでかっこいい仕事という印象よりも、ずっと大変そうだった
- 自分の考えや聞いた話を自分の言葉で人に分かりやすく話せなくてはならない
- 社会、文化など幅広く興味を持って少しでも多くのことを知っておくほうがいい
- 将来、養成スクールに通ったり、今から発声や発音、早口言葉などの練習をするといい

7 調べたことで浮かんだ疑問や次の課題

- ●アナウンサーになるための方法が書かれた、少し難しい本もあったので、読んでみたい
- ●テレビ局のアナウンサー以外にも「フリーアナウンサー」や「レポーター」という職業もあるらしいので、調べたい
- ●テレビ局の中が見学できるイベントもたまに行われているそうなので、参加してみたい

まとめ

表紙を作ってレポートタイプにしてみたよ！

⑤⑥ 調べたこと、分かったこと

おかあさんの大学時代の友だちにアナウンサーをしている人がいる。私が「アナウンサーになりたい」と言ったら、お話を聞かせてもらうことができたので、まとめてみた。

◎分かったこと。
- アナウンサーは、話し言葉の専門家。
- アナウンサーは、テレビやラジオでニュースを読んだり、番組の司会進行、現場からのレポート、インタビューなどをする。
- バラエティー番組で司会をするなど、はなやかな感じがするけれど、資料をチェックしたりするらうかたの仕事も多い。
- 毎日、新聞は5紙以上は読んでいる。

◎今からしたほうがいいといわれたこと。
- 正しい日本語が話せて、人前に出るのが好き、好奇心おうせい、視聴者から好感を持たれる、などの特ちょうがある人が向いている。
- 日頃から、正しい話し言葉を使うようにしたほうがいい。
- ニュースなども、ちゃんと見るようにしたほうがいい。
- 自分の考えを自分の言葉で人にわかりやすく伝えられるようになること。
- 社会、文化など幅広く興味を持って少しでも多くのことを知っておくほうがいい。

◎アナウンサーになるには、どうしたらいいか。
- テレビ局はほとんど大学卒業以上の学歴が必要。

アナウンサーの主な仕事
- テレビ、ラジオ、イベントの司会進行
- テレビやラジオ番組のレポート
- テレビやラジオ番組のナレーション
- スポーツなどの実況中継
- 報道番組のキャスター
など

― プロの方にお話を聞くときは、できれば顔の写真を撮らせてもらおう（断られたら、しつこくお願いしないように）

― 内容がたくさん入る場合は、ひとつひとつピックアップした「か条書き」にすると読みやすくなるよ

33

歴史上の人物、真田幸村ってどんな人？

サッカーの合宿で長野県の上田市にある、菅平高原に行った。バスで菅平に近づくにつれて、黒い丸が6個並んだマークの旗や看板が見えてきて、興味がわいたんだ。

1 疑問のきっかけ

菅平の近くでたくさん見たマーク。何だろう？と思い、調べると、実はそのマークが真田氏という一族の家紋だということがわかった。前から偉人伝を読むのが好きだったけど、真田氏については読んだことがなかったから、調べようと思った。

❗調べたい理由
- 黒い丸が6個並んだマークがかっこいいけど何だろう？と思ったから
- 菅平に関わりの深い人だから（毎年、サッカーの合宿は菅平高原だそうだから）
- 偉人伝を読むのが好きだから

ポイント・コツ
- ◆不思議に思ったことがあったら、すぐに調べる姿勢が大切です
- ◆旅先で疑問に思ったことは、その土地の宿の人や地元の人に聞くと、ヒントがもらえることがあります
- ◆家に帰る前に、気になることがあれば、メモをしておきましょう

2 解決のヒント・予想

サッカーの監督：菅平のあたりは、前は真田町という名前だったんだよ

宿のおじさん：あのマークは六文銭とも呼ばれていて、この土地の英雄の真田家の家紋だよ

父：真田幸村という武将がとても有名で、ゆかりの温泉もあるらしいね

ぼく：真田一族は菅平あたりの出身なのかな

3 調べること

- ●戦国時代に活躍した真田一族は、何をしたのか
- ●中でも有名な、真田幸村とはどんな人か
- ●菅平のあたりはどうして真田氏のゆかりの地なのか
- ●真田氏ゆかりの温泉についても調べたい！

ポイント・コツ

◆はじめから「真田一族」と大きなくくりで取り組まずに、ひとりの人物にしぼると調べやすいでしょう

◆資料が多い（有名な）人物を選ぶと調べものがしやすく、途中でイヤになりません

◆誰を調べるかは、目にする機会の多さや、人から聞いた話で決めてみるのもいいでしょう

4 調べたもの

学習用人名事典

学習用の人物事典

真田幸村について書かれた本（偉人伝）

上田市のパンフレット
（自宅に帰ってきてからでも、市役所などにたのめば送ってもらえる）

◆資料が多い調べものはインターネットに頼らないようにしましょう。情報の量が多すぎて、混乱してしまうことがあります

◆家系図があれば写します。もし、なければ調べたことを元に自分で作ってみましょう

5 調べたこと

- ・真田幸村は、安土桃山時代から江戸時代にかけて活躍した武将
- ・真田幸村の本名は信繁という。真田昌幸の次男
- ・生まれたのは1567年、亡くなったのは1615年
- ・真田氏一族は、もともと信濃国小

◆分かったことは、小さなことでもメモしておきましょう

県郡（現在の上田市真田町、2006年の統合前は長野県小県郡真田町）の出身だった
- 真田幸村は、江戸時代初期（1614年）の大坂の冬の陣で徳川家康を追いつめた
- 勇ましい戦いぶりの記録が小説（『真田三代記』）になった時に、真田幸村という名前で語られるようになり有名になった
- 日本一の兵と敵からももてはやされた
- 真田一族の隠し湯（こっそり使っていた温泉）は「角間温泉」と言われている

ポイント・コツ

◆現地に行く機会があれば、時間をとってゆかりの場所をめぐったり、写真を撮っておくのもいいでしょう

◆本を読んだのをきっかけに、現地に行ってみるのもいいですね

6 分かったこと、思ったこと

- 真田幸村は、戦いぶりの勇ましさで有名になったなんてカッコイイ
- 戦国時代は家族そろって戦わなくてはならないので、ちょっとイヤだと思った
- 合宿や旅行に行ったところにちなんだ人を調べていくと、いつの間にかもの知りになれる
- 真田氏の勇ましさを誇りにしている真田町の人たちだけれど、皆さん意外とのんびりしていた
- 真田幸村の隠し湯と言われている、別所温泉は気持ちよかった

7 調べたことで浮かんだ疑問や次の課題

- ●真田幸村が有名になった大坂の陣について調べたい
- ●この時代がどうして戦国時代と呼ばれるようになったのか、その理由が知りたい
- ●自分のルーツにもこういう武将がいたのかどうか知りたい
- ●昔の人はどうして名前がいろいろ変わるのか

まとめ

壁新聞タイプにしてみたよ！

壁新聞タイプ

偉人について調べるときは、その人の姿を資料などから書き写すと親近感がわくよ

真田幸村について

真田幸村ってどんな人？

【名前】
通称は左衛門佐（さえもんのすけ）、名は信繁（のぶしげ）。

【生まれ】
信濃国小県郡（長野県上田市真田町）で活やくした、真田昌幸の次男。生まれたのは1567年、亡くなったのは1615年、七くなったのは1615年。

【活やくした時代】
安土桃山時代から江戸時代にかけて。特に1614年の大坂冬の陣で、徳川家康を追いつめて、名前をとどろかせた（でも結局、負けた）。

【有名になった理由】
江戸時代中期に発表された『真田三代記』で戦いぶりが紹介された。このあたりから、真田幸村という名前で語られるようになり人気者になった。

【真田幸村が生まれ育った上田ってどんなところ？】
僕が真田幸村に興味を持ったきっかけは、サッカーの合宿で長野県上田市の菅平高原に行った時、宿のおじさんたちから聞いたのがきっかけだった。なので、どんなところかくわしく調べてみた。

上田駅前に真田幸村の銅像がある。

上田城↓駅から近い。

↑上田城にある真田石。有名。

別所温泉石湯。真田幸村の隠し湯といわれている。

上田駅から出ている上田電鉄別所線に乗ると、幸村の隠し湯として有名な別所温泉へ行ける。

上田城の近くに真田神社がある。

現地に行ったら、そのときの様子を写真に撮って、貼り付けると楽しいよ

外枠を凝ってみるのもいいね

⑨ ご当地ナンバープレートって？

この前、駅の高架下を歩いていたら、かわいい形をしたナンバープレートのオートバイ（原動機付自転車）を発見！　他にもかわいいナンバープレートがあるのかな？

1 疑問のきっかけ

ナンバープレートなんて、まだ私には関係ないと思っていたので、今まで全く興味がなかった。でも、かわいい形のナンバープレートを見て、他にどんな形があるのか知りたくなった。どんな形のものがあるんだろう？

調べたい理由

- どうやったら、かわいい形のナンバープレートをもらえるか知りたい
- 他にどんな色の、どんな形のものがあるか知りたい
- 自分で形のデザインを勝手にしてもいいのか、知りたい

ポイント・コツ

- 大人と相談しながら、正しい情報や資料を選びましょう
- どこの町でやっているのかも調べましょう
- いつから、なぜ、その絵柄が使われるようになったのかも、いっしょに調べると楽しいですね

2 解決のヒント・予想

父：ご当地プレートっていうんだよ。うちの町にはないよね

母：町の宣伝になるからやっているのかしら

友達：初めからそのオートバイについていたんじゃないの？

私：ご当地キャラとか"ご当地"がはやっているんじゃないかな？

3 調べること

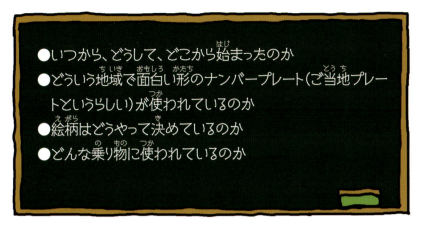

- いつから、どうして、どこから始まったのか
- どういう地域で面白い形のナンバープレート（ご当地プレートというらしい）が使われているのか
- 絵柄はどうやって決めているのか
- どんな乗り物に使われているのか

4 調べた人、もの

初めて導入した愛媛県松山市

市区町村の課税課

ご当地プレートをくわしく調べている研究所のサイト

ポイント・コツ

- ◆調べ方は家の人の意見を聞きながらいっしょに考えましょう（大人に手伝ってもらったり、いっしょに考えてもらうのはいけないことではありません）
- ◆実際に見た時にはどこの町のものか書きとめておきましょう（持ち主に断って写真を撮らせてもらうのもいいでしょう）
- ◆必要な内容かどうかをよく考えましょう（ただし、まとめに使わないかもしれなくても調べた結果は保管します）
- ◆導入した役所の話は必ず聞いておきましょう
- ◆自分の住む市区町村の課税課の考えを聞いておきましょう

5 調べたこと、教えてもらったこと、実験

- ご当地プレートは原動機付自転車（通称：原付バイク）の課税標識だけ
- 自動車のナンバープレートと違い、市区町村で形などを決めることができる
- 2014年3月3日当時で46都道府県264市区町村で導入している
- メリットは、町の紋章として地域の人に親しまれる→町の宣伝になる

- 原動機付自転車だけ、ご当地プレートをつけることができる。
- プレートの大きさは決まっているが、デザインは自由。
- ここの部分
- その町にまつわるモチーフがほとんど。

- 初めて導入したのは、2007年愛媛県松山市
- プレートの大きさは1号（たて10cm×横17cm）、2号（10cm×横20cm）の2種類ある
- デザインのモチーフはその地域のシンボル、自然、産業、文化、歴史、スポーツ、アニメ、人物、キャラクターなどさまざま
- 導入している自治体に画像をもらった

ポイント・コツ

◆インターネットでサイトを運営している人に連絡をとったり、市区町村に問い合わせたりする時は、必ず身近な大人に、その方法を相談しましょう

◆大人に聞きたいことがあるときは、質問したいことをノートに書き出しておきましょう

6 分かったこと、思ったこと

- ご当地プレートには、どんなものがあるのか
- 自分が気に入ったご当地プレート（奄美市のピンク色のがかわいいと思った）
- 好きなご当地プレートがあっても、住んでいる市区町村が違うと、つけることはできない
- ご当地プレートはどんどん増えているようなので、原動機付自転車が乗れる年れいになったら、またあらためて調べたい

7 調べたことで浮かんだ疑問や次の課題

- ●ご当地プレートを導入するための条件は何か
- ●絵柄はどうやって決まるのか
- ●もし、使いたくない人がいたらどうするのか
- ●昔のプレートの人も取り替えられるのか

まとめ

| 表紙 | 1 ぎ問の きっかけ | 2 解決の ヒント | 3 調べる こと | 4 調べた もの | 5 調べた こと | 6 分かった こと | 7 次の 課題 |

写真アルバムを使って、まとめてみたよ！

写真が多くなりそうな場合は、「まとめ帳」として、ポケットアルバムを利用してもいいね

一旦、"まとめ"が終わっても、関係のある資料や写真が見つかれば、どんどんファイリングしていこう！

6 分かったこと
- ご当地プレートは原動機付き自転車（通称：原付バイク）の課税標識だけ。
- 2014年3月3日現在で46都道府県264市区町村で導入している。
- メリットは、町の紋章として地域の人に親しまれる→町の宣伝になる。

- 初めて導入したのは、2007年松山市。
- プレートの大きさは1号（たて10cm×横17cm）、2号（10cm×横20cm）の2種類ある。
- デザインのモチーフはその地域のシンボル、自然、産業、文化、歴史、スポーツ、アニメ、人物、キャラクターなどさまざま。
- 導入している自治体に画像をもらった。

ご当地プレートの写真が手に入ったら、ポケットアルバムの中にファイリングすると、見やすくなるよ

41

10 PM2.5って何のこと？

学校の休み時間、外で遊ぼうとしていたら「きょうはPM2.5が多いので、外遊びはできません」っていう校内放送が流れた！　PM2.5って、いったい何？

1 疑問のきっかけ

ニュースでもよく聞くPM2.5って言葉。これが多いと、「空気が悪いから外で遊んではいけない」と、言われる。マスクをつけて学校に来る人も増えた。毎日聞く言葉だから、本当の意味を知りたい。意味が分かったら、みんなに教えてあげよう！

調べたい理由
- PM2.5は何が問題なのか知りたい
- どうしたら、PM2.5が多い時でも外で遊べるようになるか知りたい
- PM2.5が原因でなる病気はあるのか、知りたい
- マスクをつけたら、安全なのか知りたい

ポイント・コツ

◆毎日なんとなく耳にしている言葉でも、意味を知らない言葉が意外と多いものです。気になる言葉は調べてみましょう

◆新しく登場した言葉は、話題になりはじめた頃はテレビや新聞などで説明されますが、よく知られるようになると、説明されないことがあります。周りの人に聞くのもいいでしょう

◆同じ疑問を持った友達といっしょに調べてもいいでしょう

2 解決のヒント・予想

ぼく
もしかしたらPMっていうのが「cm」みたいな単位なのかな？

友達B
空気の中にいつもあるものなのかな？　紫外線とか花粉とかみたいなものかも

友達A
日本の中でも、場所によっては多いって言われているところと、そうでもないところがあるらしいよ

友達C
空気の中に混ざっているものんじゃないかな。お母さんは昔は聞かなかったって言ってたよ

3 調べること

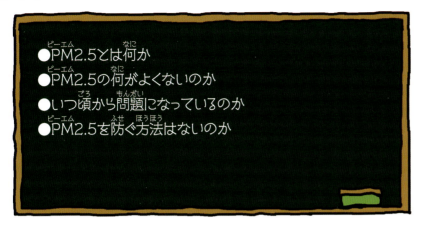

- ●PM2.5とは何か
- ●PM2.5の何がよくないのか
- ●いつ頃から問題になっているのか
- ●PM2.5を防ぐ方法はないのか

ポイント・コツ

◆今回の場合、「PM2.5」のようなキーワードがあれば、そこから調べていくといいでしょう

4 調べたもの

インターネット
(環境省のホームページ、キッズgoo／Yahoo!きっずなど)

国語辞典

◆新しい言葉の場合は、本や辞書にのっていないことがあります。その場合はインターネットを活用しましょう

◆インターネットを活用する時は、信頼できるサイトかどうか、大人に判断してもらいましょう

5 調べたこと

- PM2.5とは、「微小粒子状物質」。
  → 大気中に飛んでいる目に見えないほど小さな粒子の中で、2.5μm（1μm＝1mmの1000分の1）以下のとても小さな粒子である
- PM2.5は、ものが燃えたときに出るものと（一次生成）、大気中で化学反応によって生成されたもの（二次生成）がある
- PM2.5はとても小さいので（ヒトの髪の毛の太さの30分の1ぐらい）息を吸ったときに肺の奥深くまで入りやすい
  → マスクをしたとしても、花粉症の花粉よりも小さいので、ほとんどのマスクをすり抜けてしまう
  → それで、病気の原因になる可能性がある

◆大人でも、正確に意味が分かっていないことがあります。人に頼らずに調べましょう

◆分からない言葉は、出てくるごとに調べましょう

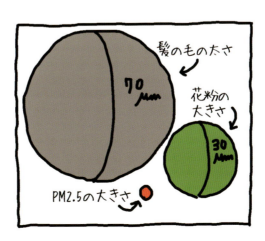

- とても小さな物質だけど、あまりにも多いと、空気がけむったようになる
- 昔は日本の工場地帯でも問題になったが、今は規制されている
  → なので、規制のゆるい中国から流れてきている
- 最近、テレビなどでPM2.5予報が流されているのは、そのため。中国大陸に近い九州などでは、かなり大きな問題になっている
- 今は、PM2.5に対応したマスクも売られている

ポイント コツ

◆人から話を聞いていて分かりにくいなと思ったら、図に描いてもらうといいでしょう
◆教えてくれた人が書いてくれたメモなどは、とっておきましょう。ノートに貼るのもいいですね

6 分かったこと、思ったこと

- PM2.5という言葉自体には、体に悪い物質の内容は表されていない
- 体内に吸いこみやすい大きさであることが一番の問題らしい
- 中国では、PM2.5が原因で病気になっている人も多いらしい（主にぜんそくなど肺の病気）
- 現在は、PM2.5用のマスクも売られている。ためしにしてみたら、息苦しかった

7 調べたことで浮かんだ疑問や次の課題

- ●マスクなど以外にPM2.5を防ぐ方法はないのか知りたい
- ●大気汚染物質広域監視システム【そらまめ君】についてくわしく知りたい
- ●日本には大気汚染防止法という法律があるらしい。この法律についてもくわしく知りたい

まとめ

表紙を作ってレポートタイプにしてみたよ！

表紙／1 ぎ問のきっかけ／2 解決のヒント／3 調べること／4 調べたもの／**5 調べたこと**／6 分かったこと／7 次の課題

5 調べたこと

- PM2.5とは、「微小粒子状物質」。大気中に飛んでいる目に見えないほど小さな粒子の中で、2.5μm（マイクロメートル、1μm=1mmの1000分の1）以下のとても小さな粒子である。
- とても小さな物質だけど、あまりにも多いと、空気がけむったようになる。
- 昔は日本の工場地帯でも問題になったが、今は規制されている。なので、規制のゆるい中国から流れてきている。

> まとめたい内容と関係のある写真が撮れそうな場合は、撮影して、プリントアウトしたものを貼り付けてもいいね

- PM2.5は、ものが燃えたときに出るものと（一次生成）、大気中で化学反応によって生成されたもの（二次生成）がある。
- PM2.5はとても小さいので（ヒトの髪のものの太さの30分の1ぐらい）息を吸ったときに肺の奥深くまで入りやすい。マスクをしたとしても、花粉症の花粉よりも小さいので、ほとんどのマスクをすり抜けてしまう。それで、病気の原因になる可能性がある。
- 最近、テレビなどでPM2.5予報が流されているのは、そのため。中国大陸に近い九州などでは、かなり大きな問題になっているそうだ。

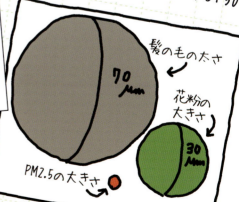

髪のものの太さ 70μm／花粉の大きさ 30μm／PM2.5の大きさ

> 調べていて内容を説明するイラストを見つけたら、書き写しておこう。まとめるときに、文章だけで説明するよりも、分かりやすく伝えられるよ

その他のテーマ例

社会科で調べ学習って、どんなテーマでやればいいのかな？ 身近なちょっとした疑問から、いろんなことがテーマになるんだよ！ ぜひ、参考にしてみて！

こんなこともテーマになるよ！

交通標識をもっと知りたい！
交通標識は車を運転する人のものだと思ってたけど、歩くときや自転車で走るときにも必要なんだって。交通標識を知っていると安全に暮らせるらしいので、調べてみたい！

災害にあったら、どうすればいいの？
地震や津波、台風など、災害にはどんな種類があるんだろう？ 災害から身を守るにはどうすればいいの？ 避難場所や、非常食にはどんなものがあるのか調べてみよう。

牛乳パックはリサイクルでどうなるの？
お母さんがきれいに洗ってリサイクルに出している牛乳パック。集めた後はどうするの？ 何になるの？ リサイクルをする意味やリサイクルされたものの流れを調べてみたい！

発明したらどうすればいいの？
石油のポンプは発明品で、特許を取っているんだって。すごい発明をしたら、お金持ちになれるのかな？ どうすれば商品になるの？ 発明品にはどんなものがあるんだろう？

郵便はどうやって配達されるの？
毎日のようにハガキや手紙が配達されるけど、どうやって届くの？ 郵便の仕組みや歴史を調べてみよう。紙じゃないものや、変わった形のものでも送ることができるって本当？

近所の坂の名前調べ
家の近くには坂がいっぱい。全部の坂に名前がついているみたい。どうしてそんな名前がついたのか、由来を調べてみようと思う。町の名前や橋の名前を調べても面白そう。

賞味期限・消費期限って何？
食べ物に書いてある賞味期限や消費期限って何だろう？ 賞味期限が切れたら食べられないの？ 賞味期限と消費期限って似てるけど、どう違うの？ 調べてみよう！

ゴミって最後はどうなるの？
燃えるもの、燃えないもの、金属にプラスティックなど、いろんなゴミがあるけど、最後はどうなるんだろう？ 燃えるゴミの処理法や、資源回収のゆくえを追ってみようと思う。

この食べ物はどこから来たの？
バナナに台湾産ってシールが貼ってあった。台所にある食べ物の産地が知りたい！ それぞれ調べて、日本地図と世界地図に書きこんでみよう。どうやって運ぶのかもわかるといいな。

お札に描かれるには、どんな人になればいい？
千円札にも、五千円札にも、昔の人が描かれている。ぼくもお札に描かれたいけど、どんな人になればいいんだろう？ 今と昔のお札に描かれた人を全員調べてみよう！

おうちの方・先生方へ

　夏休みになるとよくお母さん方から、「自由研究ってどうすればいいのかまったくわからない」という質問を受けます。親も子も、何をテーマにすればいいのかもわからないというのです。学校の先生方からも、自分で調べ学習を進めることができない子どもが多いという相談を受けます。でも、ちょっとしたコツさえ知っていれば、本当はとても簡単で楽しいことなのです。

　そこで、この本では、子どもたちがどのようにテーマを見つけ、どのように問題意識を持ち、何を調べて、どうまとめるかまでを具体例を元に順を追って紹介しました。この本の手順通りに進めていけば、どんなことでも調べ学習としての体をなすようになっています。子どもたちは、好奇心の塊です。大人が忘れてしまったワクワクをたくさん持っているのです。どうか、子どもたちの素直な疑問を「くだらない」とか「つまらない」などと言わないでください。そして、大人には簡単にわかることでも、簡単に調べられるインターネットに頼ることなく、事典や図鑑で調べる習慣をつけるよう導いてほしいと思います。

　すぐに教えずに、子どもたちがよりスムーズに、そして楽しく調べ学習を進めていかれるように、保護者の方々にぜひ気をつけていただきたいポイントをあげましたので、ぜひご一読ください。

おうちの方・先生が気をつけること

1 疑問のきっかけの部分
・子どもが不思議そうにしていたら、話しかける
・大人にはつまらない疑問でも「どうでもいい」と言わない
・子どもが注目していたら、急かさない

2 解決のヒント・予想の部分
・そのまま答えになることは言わない
・調べ始める手がかりになることを投げかける
・たまにはよくある勘違いをわざとあげてみる

3 調べることの部分
・調べにくそうなときは、調べやすい方向へ誘導する
・ついでに知ることができそうなことをあげておく

4 調べたもの・人の部分
・他人に聞く場合は失礼のないよう手助けをする
・手元にある本でわからないときは図書館に連れて行く
・少し年長者向けの資料は一緒に見てあげる
・インターネットを利用した場合、信憑性を見極める

5 調べたことの部分
・子どもが見つけた内容を「つまらない」などと言わない
・解決や結論に近いものから並べるよう教える
・関係なさそうな情報もすべて調べたことは書かせる

6 今かったことの部分
・元の疑問からずれないように軌道修正をする
・図解やグラフ、表も子ども自身に書かせる
・インターネットや本のコピーをそのまま使わせない

7 浮かんだ疑問や次の課題の部分
・今回の学習と直接関係なくても、役立ちそうなものは残す
・調べていて浮かんだ疑問は、関係なくても書きとめさせる
・内容が広がりすぎた部分は次の課題とする

8 まとめの部分
・わかりやすくまとまっているものを参考として見せる
・どうすればわかりやすくなるかを話し合う

各項目共通
・まずは、子どもの思っていること、発言を評価する
・修正は、一度ほめた上で「改善」という形で
・知らないことは、知ったかぶりをせずに一緒に調べる
・自分も知らないことだったらたくさんほめる
・大人が教えてしまう、手を出しすぎてしまうのは×
・一緒に調べる・考える、手伝うのはアリ

調べ学習ナビ　社会科編

著　　者　山本紫苑・調べ学習ナビ編集室
イラスト　小野糸子
発 行 者　内田克幸
編　　集　池田菜採
編集協力　宇都宮ゆう子
発 行 所　株式会社理論社
　　　　　〒101-0062　東京都千代田区神田駿河台2-5
　　　　　電話　営業03-6264-8890　編集03-6264-8891
　　　　　URL　https://www.rironsha.com

2015年5月初版
2020年4月第3刷発行

ブックデザイン　東 幸男(east design)
印刷・製本　図書印刷

©2015 shion.yamamoto,Printed in Japan
ISBN978-4-652-20090-2 NDC375 A4変型判 29cm 47p

落丁・乱丁本は送料小社負担にてお取り替え致します。
本書の無断複製(コピー、スキャン、デジタル化等)は著作権法の例外を除き禁じられています。私的利用を目的とする場合でも、代行業者等の第三者に依頼してスキャンやデジタル化することは認められておりません。